KB264344

120
CLEAN BUS SYSTEM

키즈아이콘

키즈아이콘은 아이들의 꿈과
생각을 키우는 신나고 재미있는
책을 만듭니다.

캐릭터 소개

타요

호기심 많고 명랑한
개구쟁이 꼬마 버스

로기

적극적이고 활달한
꼬마 버스

라니

상냥하고 귀여운
애교 만점 꼬마 버스

씨투

꼬마 버스들의
자상한 맏형 역할을 하는
책임감 강한 이층 버스

하나

고장 난 차를 고치는
쾌활하고 씩씩한 정비사

루키

성실하고 친절한
새내기 교통경찰

패트

시내를 순찰하며
문제를 해결하는
베테랑 경찰차

타요의 신나는 하루

1000
120

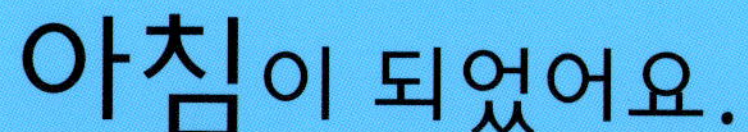

아침이 되었어요.
"타요, 일어날 시간이야. 오늘부터 운행을 시작하기로 했잖아."
씨투의 말에 타요는 눈을 번쩍 떴습니다. "아, 그렇구나."
타요는 그동안 첫 운행을 손꼽아 기다려 왔어요.

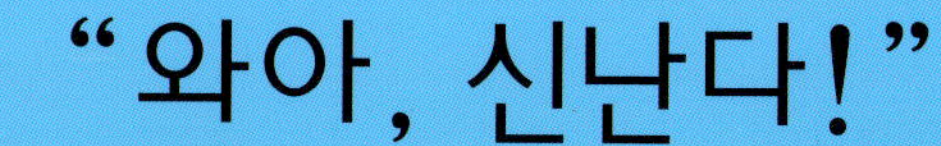

"와아, 신난다!"

운행을 나가려면 준비가 필요해요. 우선 몸을 깨끗하게 씻고,

여기저기 돌아다니려면 연료도 충분히 넣어야 해요.

그리고 오늘 돌아다닐 길에 대해서 살펴보아요.

"아무 문제없어. 출발해도 좋아."

120
120

"타요, 조심해서 다녀와."
"다녀오겠습니다."
드디어 타요의 첫 운행이 시작되었어요.

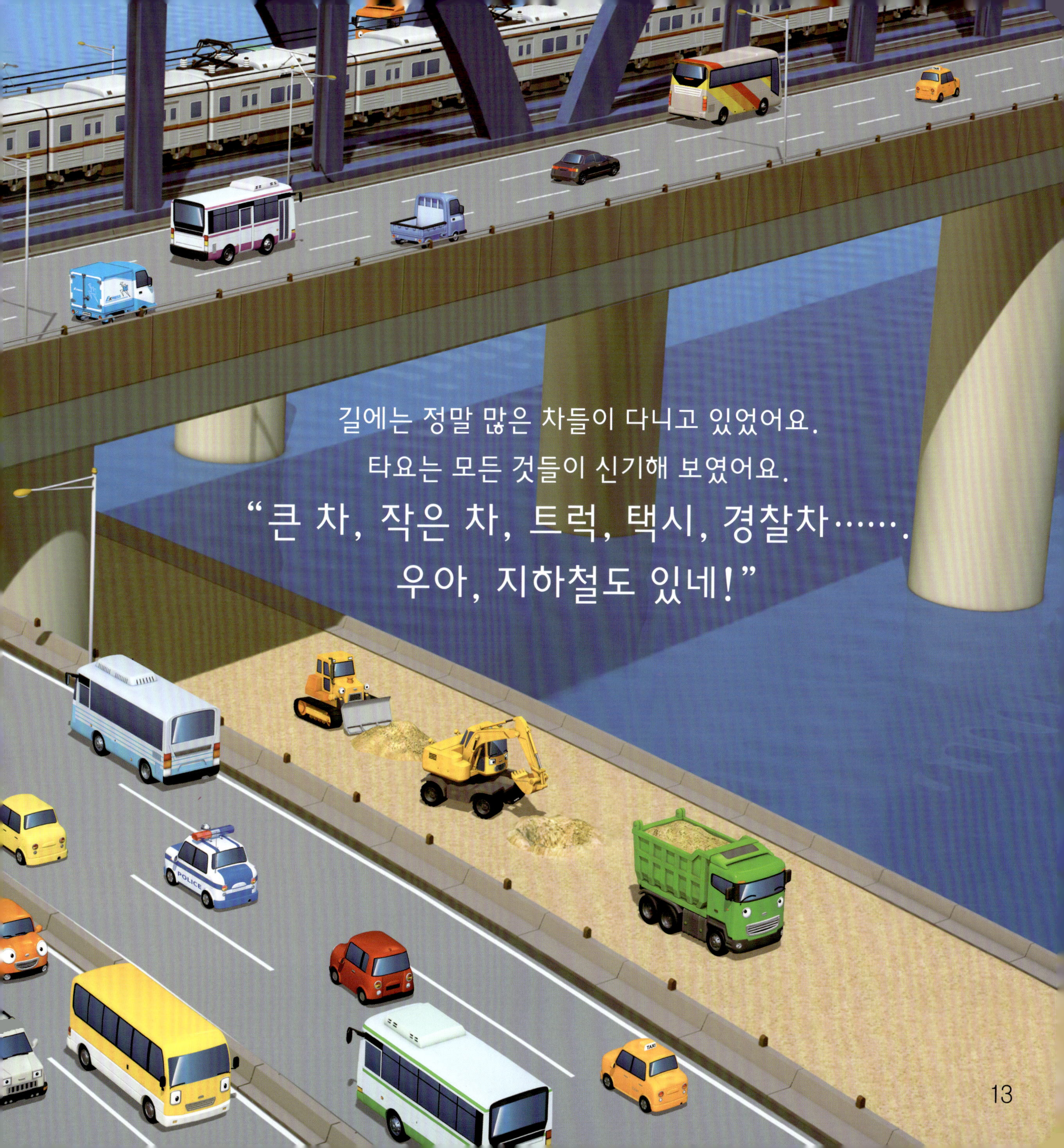

길에는 정말 많은 차들이 다니고 있었어요.
타요는 모든 것들이 신기해 보였어요.
"큰 차, 작은 차, 트럭, 택시, 경찰차…….
우아, 지하철도 있네!"

타요가 **버스 정류장**에 도착했어요.

"안녕하세요?"
"안녕, 꼬마 버스야."
타요는 손님들을 태우고 다시 출발했어요.

타요는 횡단보도 앞에서 멈춰 섰어요.
"안녕! 꼬마 버스야."
"트럭아, 안녕!"
120

B>
KR82-02 2627
BK 8026
120
Fresh Foods
TAXI
TAXI

HOT SALE
HOT SALE

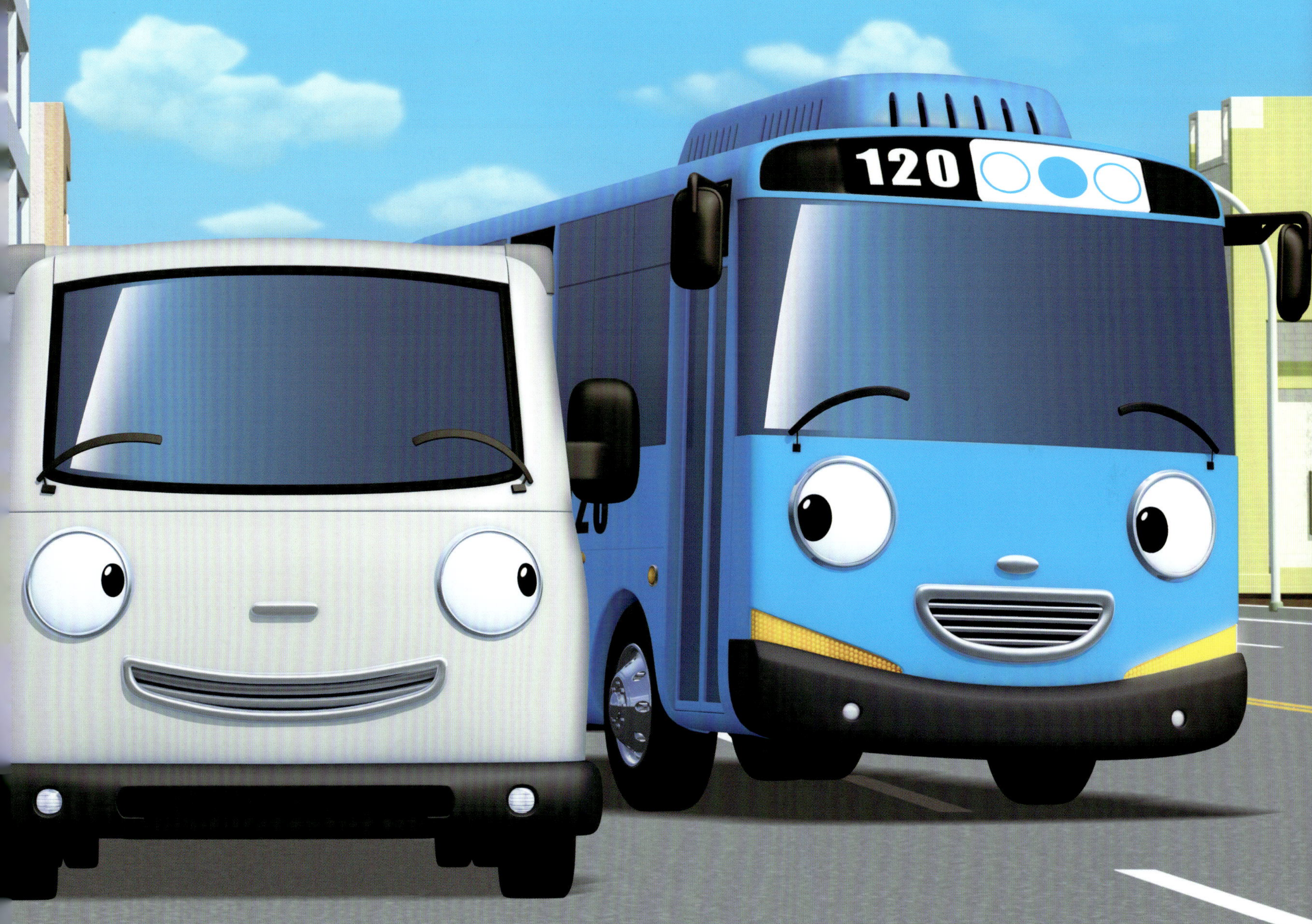

“트럭아, 너는 어떤 일을 해?” 타요가 물었어요.
“나는 짐을 실어서 여기저기에 배달해.”
“그렇구나. 그럼 안녕!”
타요는 다시 출발했습니다.

타요는 공사장을 지나가다 노란색 중장비를 만났어요.
"안녕, 난 꼬마 버스 타요야. 네 이름은 뭐야?"
"안녕, 난 불도저야."

120
Fresh Foods
TAXI
TAXI

"불도저야, 너는 어떤 일을 하니?"
"나는 공사장의 흙을 밀어서 땅을 고르게 해."

"굴착기는 흙을 덤프트럭에 실어 줘."

"덤프트럭은 그 흙을 다른 공사장에 전달하지."
"모두 멋진 일을 하는구나."
타요는 다시 출발했어요.

타요는 드디어 마지막 손님을 내려 드렸습니다.
"와, 오늘 일을 다 끝냈다.
이제 차고지로 돌아가자."

그때 타요는 거리에서 울고 있는 아이를 보았어요.
"꼬마야, 왜 울고 있니?"
"으아앙, 엄마를 잃어버렸어."

"울지 말고 어서 타렴. 내가 엄마를 찾아 줄게."

타요는 경찰 아저씨에게 도움을 청했어요.
"걱정 마라. 아저씨가 금방 엄마를 찾아 줄게."

경찰 아저씨의 연락을 받고
엄마가 찾아왔어요.
"엄마를 다시 만나서 정말 다행이야."

"난 그만 가 볼게."

"고마워, 꼬마 버스야."

엄마와 아이는 타요에게 손을 흔들어 주었어요.

일을 마친 타요는 다시 차고지로 돌아갔어요.

"다녀왔습니다."
"첫 운행을 무사히 마친 것을 축하해."
차고지의 모든 버스들이 축하해 주었어요.
이제 타요도 어엿한 시내버스가 되었네요.

밤이 깊어졌어요. "아하암."
타요는 하품을 하고 곤히 잠들었어요.
오늘은 타요에게 정말 신나는 하루였어요.
"타요, 예쁜 꿈꾸세요."

꼬마버스 타요
타요의 신나는 하루

2010년 11월 5일 초판 1쇄 발행 | **2025년 9월 20일 개정판 14쇄 발행**

발행인 최종일 **발행처** ㈜아이코닉스 **기획** 키즈아이콘 **글** ㈜아이코닉스 **그림** ㈜스튜디오 게일
총괄책임 서현수 **편집책임** 박정은 **편집** 장보원 조윤수 김예진 이유진 **판면 기획** 최현명
디자인 이순영 김미선 권혜원 경희정 **제작책임** 신초희 **제작관리** 이수란 김미래 김세미
마케팅책임 김미경 **마케팅** 이창열 서연지 심동수 이경재 이미나 지승한 송호성 이지연
출판등록 2008년 11월 4일(제 2014-000009호) **주소** 경기도 성남시 분당구 판교로 255번길 64
고객센터 1566-0855 **홈페이지** www.iconix.co.kr
꼬마버스 타요 ⓒICONIX/EBS/SEOUL

ISBN 978-89-6413-395-8
전자책 ISBN 978-89-6413-396-5

타요 동화책 시리즈는 PAPERBOOK, E-BOOK, AUDIOBOOK
으로도 만나 보실 수 있습니다. E-BOOK과 AUDIOBOOK은 〈밀리의
서재〉, 〈교보 ebook〉, 〈네이버 오디오클립〉 등에서 검색해 보세요.